¡Yum, Yum, MÉXICO!

Comidas de la A a la Z

Diane de Anda

Ilustraciones de **Emily Mendoza**

Traducción de **Diane de Anda** y **Darío Zárate Figueroa**

VINTAGE ESPAÑOL

A probar estos platos te invito,
de México son mis favoritos.
De la **A** a la **Z** recorre el alfabeto,
un delicioso banquete completo.

Albóndigas (al-**bón**-di-gas)

Lánzalas en tu plato
y agárralas de inmediato:
redondas y deliciosas, te divertirán un rato.

Burrito (bu-rri-to)

En una gran tortilla de harina,
queso y frijoles combina.
Rellénala bien y te sabrá divina.

Chicharrones (chi-cha-**rro**-nes)

Ruidosos, crujientes y salados.
Los chicharrones con salsa
son muy sabrosos bocados.

Dulce (dul-ce)

Cuando el nopal está bien cocinado,
se hace un dulce azucarado
que en trozos grandes es degustado.

Empanada (em-pa-**na**-da)

Es un bolillo de pan para rellenar,
que con frutas o carnes podrás combinar.
Ponla al horno para cenar.

Frijoles (fri-jo-les)

Unos frijolitos pintos,
machacados y refritos,
se sirven bien calentitos.

Gorditas (gor-**di**-tas)

Son unas tortillas infladas,
hechas a mano y preparadas
para con guisos ser degustadas.

Huevos rancheros (**hue**-vos ran-**che**-ros)

Sí que son una ricura,
con frijoles, queso y verdura.
¡Con salsa, delicia pura!

Iguana (i-**gua**-na)

Algunos comen iguanas,
pero a mí no me dan ganas.
Son amigas, no botanas.

Jalapeño (ja-la-**pe**-ño)

Si comes este chile puedes llorar.
El calor de tu boca se va a apoderar
y luego tu lengua empezará a quemar.

Kilo (ki-lo)

Con *K* las comidas no suelen comenzar,
pero el kilo se usa para pesar
las frutas y verduras que vas a comprar.

Leche quemada (le-che que-**ma**-da)

Dulce leche azucarada,
en caramelo transformada
y como nieve, congelada.

Menudo (me-nu-do)

Carne suave y maíz en un plato
le darán al caldo un sabor muy grato.
¡Para un desayuno es buen candidato!

Nopales (no-pa-les)

Lava y seca los nopalitos
y ponlos encima de los huevos fritos.
En ensaladas también son exquisitos.

Olivas (o-li-vas)

Ponlas en tortillas enrolladas,
con queso y salsa bien bañadas,
y para cenar tendrás enchiladas.

Pan dulce (pan dul-ce)

Hay mil formas y sabores
de estos panes de colores.
Los cochinitos son los mejores.

Quesadillas  (que-sa-**di**-llas)

Rellena de queso una tortilla.
Caliéntala en el fuego de la hornilla.
El queso derretido es una maravilla.

Relleno (re-lle-no)

Los chiles verdes desvenas,
con queso después los rellenas.
Los rebozas, fríes y cenas.

Salsa (sal-sa)

Picas cebolla y tomates
y con chiles los combinas.
En las tortillas sabe divina.

Taco (ta-co)

Comer tacos es buena jugada:
con carne, queso y ensalada,
en una tortilla frita y doblada.

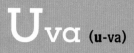

Uva (u-va)

Arroz frío en una ensalada,
con uvas y salsa agregadas.
¡Dulce y picante cucharada!

Verde (ver-de)

No todas las salsas son rojas,
depende del tomate que escojas.
Las verdes suelen ser muy picosas.

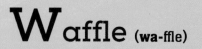

Waffle (wa-ffle)

De maíz es este waffle.
Con arándanos encima
es un postre incomparable.

Xoconostle (xo-co-nos-tle)

A la tuna se parece,
pero es tan ácido que escuece.
Si lo comes en salsa, un premio mereces.

Yerbabuena (yer-ba-**bue**-na)

Tiene un aroma muy fuerte.
Es la menta con que hacerte
un té para reponerte.

Zanahoria (za-na-**ho**-ria)

A zanahorias hervidas en la olla
agrega especias, chile y cebolla.
En vinagre saben a gloria.

Hay comidas **dulces** y comidas **picosas**.
Pruébalas... todas son deliciosas.
¡Tendrás una experiencia maravillosa!

Originalmente publicado en inglés bajo el título *Yum, Yum, Mexico! Mexican Food from A to Z* por Crown Books for Young Readers, una división de Penguin Random House LLC, Nueva York, en 2024.

Primera edición: agosto de 2024

Publicado en los Estados Unidos por Vintage Español, una división de Penguin Random House Grupo Editorial USA, LLC
8950 SW 74th Court, Suite 2010
Miami, FL 33156

Traducción: 2024, Diane de Anda y Dario Zárate Figueroa
Ilustraciones de cubierta: © 2024, Emily Mendoza

Impreso en Colombia / *Printed in Colombia*

Información de catalogación de publicaciones disponible en la Biblioteca del Congreso de los Estados Unidos.

ISBN: 979-8-89098-108-0

24 25 26 27 28   10 9 8 7 6 5 4 3 2 1